LE
GRAND
PASSAGE

© 1979 Editions Farel, B.P. 50
94122 Fontenay-sous-Bois Cedex

Photo de la couverture : David Alexander
Tous droits réservés

ISBN 2-86314-017-5

LE GRAND PASSAGE

Alain Choiquier

INTRODUCTION

La mort est dans le vent, c'est le moins qu'on puisse dire tant il en est question de nos jours. Toutes sortes de magazines, d'ouvrages et de films récents traitent du sujet comme si tout à coup nous prenions conscience que nous devions mourir. Le sociologue Jean Ziegler, auteur du livre *Les Vivants et la Mort,* dans une interview au journal *France-Dimanche* dit ce qui suit : «En fait, tout à coup, dans la conscience collective européenne, il y a une sorte de nouvelle revendication : la mort est découverte ! [...] A Paris, à la rentrée littéraire, 22 ouvrages sur la question ont paru, ouvrages sérieux de recherche, écrits par des sociologues, des médecins et des biologistes.»

Pourtant l'homme meurt depuis le commencement. Où qu'il vive sur la face de la terre aujourd'hui il ne peut y échapper. Il est aussi le seul être à savoir qu'un jour il lui faut déloger. On peut donc s'étonner de cette «découverte» ! Pourquoi ce goût subit pour ce qu'on a refoulé pendant des siècles ? Parce que se perd de plus en plus le goût de Dieu dans cette civilisation mécanique et matérialiste qui asphyxie l'individu, lui faisant éprouver un immense vide intérieur, un vide morbide. Parce qu'explosent aussi la souffrance, la corruption et la violence. Imaginez : l'Organisation Mondiale de la Santé à Genève nous faisait savoir, il y a peu de temps, que sept personnes sur dix au monde souffrent d'angoisses et qu'une personne sur deux connaît au moins une fois dans sa vie des troubles nerveux ! Quant aux Français, un sur trois ne dort pas bien paraît-il, non que son lit manque de confort, vous l'avez compris...

Ensuite il y a la maladie. Léon Schwartzenberg, éminent cancérologue, dans la préface de son livre *Changer la mort* dit : «Un sur quatre d'entre nous a eu ou aura un cancer et deux fois sur trois en mourra.» Et la route ! Quelle hécatombe ! Quel lourd tribut payé au progrès. En fait, il semble que la mort se soit saisie des formidables moyens de communication dont nous disposons aujourd'hui pour se rendre présente à notre actualité. Ecœurés de ses ravages, nous voulons à présent la voir en face pour mieux la connaître et mieux la combattre. Cette nouvelle vogue de la mort enfin, parce que, de l'avis de beaucoup, nous touchons à la fin d'une ère où les crises sont telles qu'elles font craindre les pires cataclysmes.

Ce faisant, la mort est à la une, défrayant la chronique tout en restant le scandale des scandales ! Qui l'enterrera jamais ! Quand donc en finira-t-on avec elle ? Elle rend tout absurde ! Toute science, toute philosophie, toute psychologie n'est devant elle qu'un paravent dérisoire dont elle se moque. Et comment comprendre qu'un être qui a aimé, senti, réfléchi, dont on a apprécié l'intelligence, la bonté, le travail puisse disparaître à jamais ? «Il faut vivre l'absurde, a dit un grand cinéaste, bon gré mal gré, parce qu'il n'y a pas de réponse aux grands problèmes de l'homme et de la vie.» Et l'auteur de *Cris et chuchotements* de poursuivre : «Face à la réalité du mal et de la mort on est dans la confusion et dans la nuit.»

A la question que lui posait un journaliste du magazine *Paris-Match,* à savoir le sentiment qu'il éprouve face à la mort des hommes, le professeur Georges Mathé, directeur de l'Institut de Cancérologie de Villejuif de répondre : «Mon sentiment devant la mort des autres ne peut être que celui de l'échec...»

Mais pourrions-nous parler d'échec si la mort était naturellement au programme de la vie ? Pour en sortir, certains s'en prennent à Dieu, tel Albert Camus qui écrivit, bien qu'athée : «Puisque l'ordre du monde est réglé par la mort, peut-être vaudrait-il mieux pour Dieu qu'on ne croie pas en Lui et qu'on lutte de toutes ses forces contre la mort sans lever les yeux vers le ciel où il se tait.» Ainsi donc, même quand on pense que le ciel est vide, Dieu est le grand responsable ! Allez comprendre quelque chose à cela ! D'autres essayent de nous changer la mort comme on offre sans cesse de nous changer la vie, et c'est dans l'air, puisque les pompes funèbres voient déjà la mort en rose et le deuil en jardin. Honnêtement, y croyons-nous ?...

Voilà pourquoi ce livre, car il s'inspire des propos de Celui qui a dit dans l'Evangile : «Je suis la Vérité» (Jean 14:6). «Je suis la Résurrection et la Vie, celui qui croit en Moi vivra, quand même il serait mort, et quiconque vit et croit en Moi ne mourra jamais !»

Le présent ouvrage réunit une douzaine de messages donnés sur les ondes. Vous comprendrez les raisons de son style direct et quelque peu «parlé», et excuserez ses quelques répétitions. Puisse-t-il en tout cas faire naître en vous l'IMMENSE ESPERANCE qui change la vie et prépare au GRAND PASSAGE.

L'IMMENSE QUESTION

Marcel Achard, académicien, poète, homme de théâtre, mort le 4 septembre 1974, dit à Dieu dans *Le Dernier quart d'heure* : «O Dieu, quand il Vous plaira de me rappeler à Vous, faites que ce soit dans un moment où je n'ai plus le goût de vivre.» Et quand la mort est là, impatiente, l'auteur de *Jean de la Lune* de s'écrier : «J'ai encore envie de vivre !» Que d'hommes, de femmes, aujourd'hui même, au seuil de l'éternité, en sont là ! Ils ont encore envie de vivre ! Simplement qu'ils ont été faits pour vivre et non pour mourir. Et cela est vrai pour tous. Du plus profond de nous-mêmes nous rejetons l'idée de la mort. Le docteur Jung l'a dit en ces termes : «Je retrouve la peur de la mort dans les profondeurs de toute âme.» Et selon lui toujours, c'est dans le bel âge, dans cette tranche de vie où nous devrions connaître nos meilleures années que des angoisses de mort viennent tout gâcher ! Mais réfléchissons un peu... Si la mort était une affaire aussi naturelle que la naissance et la vie, nous l'aurions sûrement adoptée, sinon apprivoisée, depuis des millénaires, ne pensez-vous pas ? C'est elle qui fait souvent que la vie n'a pas de sens. La naissance, sauf exception, procure généralement la joie. La mort, elle, une grisaille épouvantable, un temps de toussaint ! Et c'est vrai qu'il n'y a pas de «belle mort» ! L'auteur que nous citions plus haut l'a aussi écrit. Pendant de longues années, nous l'avons habillée de noir, hier de mauve, aujourd'hui, nous lui enlevons sa faux, pour la mettre aux couleurs et au goût du jour. C'est du moins ce que j'ai pu lire dans un quotidien de ces derniers temps à Paris. «Il faut, disait cet article, abolir de notre vocabulaire les mots désuets de pompes funèbres, et les remplacer par Services Sociaux Thanatologiques.» Au cours de ce congrès national et international des Associations de Thanatopraxie, grâce auquel nous avons l'article, le président de séance fit un discours très remarqué. «Il faut arracher les émotions comme on arrache les dents » s'est-il écrié, se faisant fort, paraît-il, de mettre le chagrin en équation et de changer la mort en jardin. Au terme de son exposé, il présenta deux photographies en couleurs qui montraient, la première, un mort «brut» aux traits cadavériques, allongé à la morgue, la seconde, un mort toujours, mais cette fois, tout sourire, reposant sur un lit de roses, avec cette question : «Quelle dernière image devons-nous laisser d'un défunt, la première ou la seconde ? – La seconde !» répondit unanimement la salle. Théophile Gautier n'avait-il pas déjà émis le vœu qu'à sa mort «on lui mette, avant de clouer son cercueil, un peu de rouge à la paumette, un peu de noir au bord de l'œil » ? Croyons-nous qu'une mort maquillée, sophistiquée diminuerait nos souffrances, notre deuil ? Pensons-nous que nous nous en accommoderions mieux ? Nous comprenons cependant que ces professionnels de la mort que sont les pompes funèbres veuillent rendre un peu moins triste leurs précieux services. Hélas ! la mort reste la mort. Quel que soit le visage que nous lui donnions, elle demeure laide, terriblement laide ! Tout le problème, au fond, réside dans le fait qu'elle nous est un mystère, un grand mystère ! L'homme de toujours s'est interrogé à son sujet, se demandant si elle est un point final à la vie ou seulement le passage d'une existence dans une autre. Que d'espérances, de projets, d'espoirs sont allés se briser contre la pierre froide d'un tombeau, telles des vagues ambitieuses sur un rocher imperturbable. Et puis, c'est à tout âge que l'on meurt ! Aujourd'hui même, que d'enfants, de jeunes, de moins jeunes, sont déjà morts ou sur le point de passer de vie à trépas ! Non vraiment, la mort n'aura jamais le teint frais !

Et le problème est brûlant, actuel. Il ne faut pas craindre de le voir en face. Le fuir ne résoud rien, au contraire. Quelqu'un disait : «C'est le plus grand problème de la vie ; le refouler, c'est risquer l'angoisse et le tourment car régulièrement il nous revient ; à quoi bon ? » Mais que faire, direz-vous, car personne n'est revenu d'outre-tombe pour nous en dire quelque chose. Personne, dites-vous ? Ecoutons le Christ au premier chapitre du livre de l'Apocalypse : «J'étais mort, dit-il, et voici, Je suis vivant aux siècles des siècles !» Convenons que jamais homme n'a parlé comme cet homme, nous tenant un tel langage. La Bible assure que Jésus est mort pour délivrer ceux qui, comme des esclaves, étaient toute leur vie dans la crainte de la mort (Hébreux 2:14, 15). Il est revenu à la vie pour que nous trouvions l'espérance (1 Pierre 1:3). La mort a été vaincue par le Fils de Dieu (2 Timothée 1:10). En Lui, nous retrouvons l'espoir, le goût de vivre et une réponse solide à cette immense question. Nous craignons la mort parce qu'elle est la grande inconnue. La Bible lève le voile sur ce mystère et en dit assez pour nous sortir d'ignorance. Elle nous montre un chemin, celui de la Vie Eternelle avec Dieu. Ce chemin pris, les cœurs sont pleins d'une paix intérieure inexprimable !

De toute manière, si cette question vous troublait, dites-en un mot au Christ, confiez-vous en Lui et en ce qu'Il a dit. Demandez-Lui la paix du cœur. Si vous osiez, Il vous répondrait. «On ouvre à celui qui frappe », dit-Il dans l'Evangile.

Rappelons à présent les textes desquels ont jailli les lignes qui suivent ; ils nous viennent tout droit du Christ. Ils font autorité et jettent une lumière surprenante sur les lendemains de la mort. Jugez-en :

«Il y avait un homme riche, qui était vêtu de pourpre et de fin lin, et qui chaque jour menait joyeuse et brillante vie. Un pauvre, nommé Lazare, était couché à sa porte, couvert d'ulcères, et désireux de se rassasier des miettes qui tombaient de la table du riche ; et même les chiens venaient encore lécher ses ulcères. Le pauvre mourut, et il fut porté par les anges dans le sein d'Abraham. Le riche mourut aussi, et il fut enseveli. Dans le séjour des morts, il leva les yeux ; et, tandis qu'il était en proie aux tourments, il vit de loin Abraham, et Lazare dans son sein. Il s'écria : Père Abraham, aie pitié de moi, et envoie Lazare, pour qu'il trempe le bout de son doigt dans l'eau et me rafraîchisse la langue ; car je souffre cruellement dans

10

viens-toi que tu as reçu tes biens pendant ta vie, et que Lazare a eu les maux pendant la sienne ; maintenant il est ici consolé et toi, tu souffres. D'ailleurs, il y a entre nous et vous un grand abîme, afin que ceux qui voudraient passer d'ici vers vous, ou de là vers nous, ne puissent le faire. Le riche dit : Je te prie donc, père Abraham, d'envoyer Lazare dans la maison de mon père ; car j'ai cinq frères. C'est pour qu'il leur atteste ces choses, afin qu'ils ne viennent pas aussi dans ce lieu de tourments. Abraham répondit : Ils ont Moïse et les prophètes ; qu'ils les écoutent. Et il dit : Non, père Abraham, mais si quelqu'un des morts va vers eux, ils se repentiront. Et Abraham lui dit : S'ils n'écoutent pas Moïse et les prophètes, ils ne se laisseront pas persuader quand même quelqu'un des morts ressusciterait. » (Luc. 16:19-31)

Au terme de ce récit, nous sommes stupéfaits ! S'agit-il d'élucubrations d'un fou ? Assurément non, mais de l'une des plus fantastiques révélations qui nous soient faites sur l'au-delà dans l'Ecriture : Jésus lève le voile sur le mystère de la mort comme pour répondre à l'Immense Question. Le mettre en doute nous laisse à nos perpétuelles interrogations génératrices d'angoisses, de tourments et de peur.

C'est ici donc l'aventure de deux hommes dont l'un était très fortuné et l'autre pauvre ; deux hommes comme on peut en voir encore sur la terre de nos jours. Fixons le projecteur en premier lieu sur le riche et ses revers. Cet homme menait un train de vie impressionnant. Sans conteste, il avait réussi, inspirant respect et crainte par sa position sociale et son argent. Nous le verrions aujourd'hui rouler en Rolls-Royce, habiter quelque splendide maison dans les quartiers les plus chics de nos villes. Bref, un homme à nous faire mourir d'envie, et à ce point fortuné qu'il n'avait plus, semble-t-il, besoin de travailler. Très distingué dans ses vêtements de pourpre et de fin lin, il pouvait satisfaire tous ses désirs, tous ses vœux. N'étant pas sans religion, il avait, est-il écrit, Moïse et les prophètes. Et qui plus est, il donnait aux pauvres, faisant comme on dit, la charité. Il pensait qu'un jour Dieu lui en saurait gré. Nous lui aurions donné le Bon Dieu sans confession ! Mais partageait-il avec Lazare ? Oh que non ! C'est de miettes tombant de ses énormes repas que le pauvre se rassasiait. Imaginez quels festins que ces déjeuners, ces dîners, ces soupers pour qu'on ait pu se rassasier de leurs miettes ! Aussi était-ce de ses miettes qu'il donnait à Dieu en réalité, car dit la Bible, donner aux pauvres, c'est donner à Dieu. Que lui coûtaient ces miettes ? Rien ! Encore qu'il valait mieux qu'Hérode, lequel n'acceptait aucun pauvre à sa table. Un point pour le riche dirions-nous ! Cependant, Dieu n'en tint aucun compte le jour de sa mort. Et pourquoi ? Vous l'avez deviné, Dieu n'a pas voulu de ses miettes ! A bon entendeur, salut !

Nous n'avons pas, vous et moi, l'argent de cet homme, ni sa situation, ni son niveau de vie, mais n'est-ce pas de nos miettes que nous aussi donnons à Dieu ? Les miettes de notre temps, les miettes de notre argent, les miettes de notre vie ! Tout chrétien que nous nous désirions, nous ne pensons à Dieu qu'un jour par semaine. S'il s'agissait encore d'un jour dans son entier ! C'est une matinée dans ce jour, et même une heure dans cette matinée ! N'est-ce pas là une miette ? Si entre époux, dans le mariage, on ne se donnait que des miettes ? C'est, hélas, ce qui est trop souvent et qui explique tant de souffrances, tant de divorces. C'est aussi ce qui explique la rupture entre Dieu et nous. Que dit, en effet, le premier commandement ? «Tu aimeras le Seigneur ton Dieu de tout ton cœur, de toute ton âme, de toute ta pensée, de toute ta force et ton prochain comme toi-même.» (Matthieu 24:37) Dieu ne se satisfait pas de miettes, de bribes tombant de nos cœurs. C'est tout entiers qu'Il nous veut. Lui n'a pas lésiné quant à l'amour qu'Il nous porte. «Il a tellement aimé le monde, dit l'Evangile, qu'il a donné son Fils Unique, afin que quiconque croit en Lui ne périsse point, mais qu'il ait la vie éternelle.» (Jean 3:16) Il désire en retour que nous Lui vouions un amour de premier ordre. Il sait que c'est impossible, alors Il nous vient en aide et verse cet amour en nos cœurs par le Saint-Esprit quand nous le Lui demandons (Romains 5:5).

Toutes nos œuvres, nos bonnes actions pour Dieu ne sont-elles pas des miettes, elles aussi ? Sinon, comment comprendre l'apôtre dans sa lettre aux Ephésiens : «C'est par la grâce que vous êtes sauvés, par le moyen de la foi [...] Ce n'est point par les œuvres afin que personne ne se glorifie» (Ephésiens 2:8) ? Le riche avait de bonnes œuvres à son actif, et pour cause ! Sa conscience devait le taquiner ; ce n'est pas ainsi qu'on apaise sa conscience. C'est en se fiant au Christ et en Son sacrifice sur la croix qu'on reçoit le pardon de son péché et la paix du cœur. Les œuvres ne sauvent jamais, encore qu'il faille en avoir, non pour être sauvé, mais pour signifier que nous le sommes déjà (Ephésiens 2:10). Seule l'œuvre du Christ au Calvaire offre le salut, qu'il faut prendre comme une grâce et non comme un dû résultant d'œuvres méritoires. Que de gens vivent à la façon de ce riche, se contentant de donner à Dieu les débris d'une existence confortable, se sécurisant ainsi. Ils encourent le même risque que lui. Qu'ils cessent de vivre d'illusions ! Car c'est une fois entré dans une relation quotidienne de foi et d'amitié avec Dieu que les œuvres deviennent possibles. Elles découlent toujours du salut mais n'y conduisent jamais. Elles traduisent vers le prochain l'amour que nous portons à Dieu. Ces œuvres-là nous suivront jusqu'en éternité, et seulement celles-là !

Avons-nous compris ce que Dieu veut de nous ? «Garde tes miettes, nous dit-Il, et donne-Moi ta vie ! Je la changerai, Je la remplirai, pour l'offrir ensuite à ceux qui en ont besoin.» (Ephésiens 4:8) Cessons d'être mesquins avec Dieu. L'amour n'appelle-t-il pas l'amour ? Le Sien appelle le nôtre en tout cas. A sa source, l'amour n'est pas un sentiment, c'est un Etre, c'est Dieu Lui-même. C'est un immense Cœur qui bat pour nous (1 Jean 4:8). Or, un cœur c'est fait pour aimer mais aussi pour être aimé. C'est tellement vrai que pour représenter l'amour, c'est un cœur qu'on dessine souvent. Dieu ne veut pas de nos miettes. Il n'en a que faire ! C'est notre cœur qu'Il cherche... (Proverbes 23:26)

DES MAINS PLEINES, UN CŒUR VIDE !

Malgré sa fortune, son niveau social, son existence joyeuse et brillante, le mauvais riche dut passer de vie à trépas. Les plus grands médecins appelés à son chevet ne purent empêcher le triste événement. Au palais, ce fut l'affolement. A l'époque, on louait ce qu'on appelait des «pleureuses»: plus elles étaient payées, mieux elles vous pleuraient !... Pendant ce temps, des télégrammes affluaient de toutes parts, tandis que d'illustres visiteurs se succédaient à une grande cadence. Bientôt le cercueil disparaissait sous une montagne de fleurs et de couronnes. C'est du moins ainsi que nous aurions vu les choses de nos jours. Le moment venu, sa dépouille mortelle, entourée des dignitaires de la religion, fut conduite dans un sanctuaire qui la reçut, comme il se doit, par la grande porte. Et le cortège n'en finissait pas, tant il y avait de parents, d'amis, d'invités, avec à leur tête les cinq frères du défunt. Puis au cimetière, devant la fosse béante, prête à recevoir sa victime, on écouta sans doute, attentif, une oraison funèbre ne tarissant pas d'éloges sur l'homme et le bienfaiteur qu'il fut, charitable, aimant la vie, etc. Mais au même instant, lui, où était-il ? La mort l'avait-elle anéanti ? Désintégré ? Loin de là ! Jésus nous fait savoir que son âme, dissociée du corps, se retrouva dans un lieu qu'Il appelle «le séjour des morts». Ce riche avait donc survécu à son propre décès.

Si c'était Alain Choiquier qui vous contait cette histoire, vous auriez raison d'en douter. C'est le Christ qui en parle et ce «séjour des morts» est précisément ce qu'il est convenu d'appeler, maladroitement peut-être, l'enfer. Mais, de grâce, quand nous pensons «enfer», ne pensons pas «barbecue»! Certains s'imaginent qu'il s'agit d'un lieu où rôtissent éternellement ceux et celles qui n'ont pas voulu de Dieu dans leur vie terrestre. C'est là un concept poussiéreux et moyenâgeux, ayant sa source ailleurs que dans l'Evangile, peut-être dans la mythologie. Mais il est bien question de flammes, dites-vous, dans l'histoire que vous nous commentez. Certes, seulement avec le riche dans l'au-delà, nous ne sommes plus dans le monde physique et matériel d'ici-bas et la flamme de nos textes n'est pas une flamme physique. C'est la flamme du remords et des angoisses éternelles (Luc 16:23). Jésus a souvent parlé d'enfer ; Il en a parlé comme d'un lieu de ténèbres «où il y a des pleurs et des grincements de dents» (Luc 13:28). Et la fournaise ardente, dont il est question dans la Bible, n'est autre que les affres des tourments éternels. «Ils seront tourmentés aux siècles des siècles» dit le livre de l'Apocalypse (20:10), et «La fumée de leurs tourments monte aux siècles des siècles» (Apocalypse 14:11). C'est le feu qui fait ordinairement la fumée. Ici, ce sont les tourments ! L'enfer est, en fait, l'éternel remords d'avoir dit non à Dieu !

D'ailleurs, il peut commencer de se vivre ici-bas. Quand les cœurs se privent de Dieu, c'est l'angoisse, irrésistiblement l'angoisse. Que de gens me disent ou m'écrivent : «Ma vie est un enfer, tant je suis écrasé de soucis, de tracas, d'ennuis de toutes sortes.» Quand Dieu est absent, Lui qui est la paix, c'est généralement là notre état intérieur, un avant-goût du vide éternel. Que d'hommes, de femmes à l'existence infernale ! L'enfer est une privation de Dieu, de Sa plénitude, de Son amour. En tournant le dos à Dieu, on commence à vivre l'enfer ici-bas. Jésus a tout fait pour qu'il en soit autrement. Il est venu pour nous rapprocher de Dieu, nous réconcilier avec Lui. Dans l'Evangile, Il affirme : «Je vous laisse la paix, je vous donne ma paix. Je ne vous donne pas comme le monde donne. Que votre cœur ne se trouble point et ne s'alarme point.» (Jean 14:27) C'est la confiance que nous plaçons en Jésus-Christ qui nous met en repos. Certains pensent que l'idée d'enfer est incompatible avec la notion du Dieu qui est l'Amour. A ceux-là, et nous comprenons qu'ils soient troublés, nous posons la question : Si toute votre vie vous n'avez pas voulu du Christ, trouveriez-vous normal qu'on vous le fasse subir éternellement ? N'est-ce pas Dieu qui est logique quand Il dit que chacun, chacune aura dans l'au-delà et pour prolongement à sa vie terrestre une existence éternelle, avec ou sans le Christ, selon qu'il en aura voulu ou pas lors de son passage ici-bas ? Dieu est très respectueux de notre liberté, Il n'oblige personne (Deutéronome 30:15-20). Il prend soin seulement de nous mettre au clair sur la question, nous laissant ensuite responsables de nos choix, de sorte que ceux qui tiennent déjà ou tiendront encore compagnie au mauvais riche dans son lieu de perdition l'auront bien voulu ! «Toute bouche sera fermée» est-il écrit et la Bible dit encore que «Dieu a mis dans l'homme la pensée de l'éternité»(Ecclésiaste 3:11). La destinée éternelle de chacun, ce peut être l'éternité avec ou sans Dieu, le ciel ou le séjour des morts qui est l'absence définitive du Dieu d'amour, le grand vide de Dieu quand on en éprouve éperdument le besoin. Du choix que nous faisons ici-bas dépend notre éternité. Jésus a vivement désiré que nous la passions avec Lui. Sur la croix Il s'est offert pour nous. Il s'est couvert de nos péchés en en subissant le châtiment (Esaïe 53:5). Mais Il s'est aussi chargé de notre enfer : «Mon Dieu, mon Dieu, pourquoi m'as-tu abandonné ? » s'est-Il écrié en mourant. Il a été séparé, privé de Son tendre Père céleste aux heures sombres du sacrifice, et ce, à cause de nous ! L'enfer, c'est la séparation d'avec Dieu ! Savez-vous que ces angoisses, ces tourments que vous éprouvez en ce moment ont été sur le Christ au Calvaire (Esaïe 53:4-8) ? Regardez à Lui dans votre cœur, vous en serez délivré. Des millions d'hommes Lui ont fait et Lui font encore confiance : ils ont reçu Sa paix qui surpasse toute intelligence (Philippiens 4:7). «Venez à moi», dit-Il à ceux qui sont chargés, fatigués, tourmentés, angoissés, «je vous donnerai du repos» (Matthieu 11:28).

Vous éprouvez le besoin de souffler un peu. Vous aspirez à la tranquillité d'esprit, au calme intérieur. Confiez-vous au Christ. Il tiendra sa promesse. Je devine cependant qu'une question vous embarrasse : le riche est-il allé au séjour des morts pour avoir été riche ? Sûrement pas !

POUR CHANGER DE VIE, CHANGEONS D'AVIS

Jésus a bien dit dans l'Evangile qu'il est difficile à ceux qui ont des richesses d'entrer dans le Royaume de Dieu (Marc 10:23-25). Le mauvais riche n'y est pas entré, non qu'il fut riche, mais qu'il ne s'était pas soucié du sort éternel de son âme quand il était sur terre. Souvenez-vous, le récit précise qu'il menait chaque jour joyeuse et brillante vie, se contentant d'un vernis de piété et de miettes de charité, imaginant que Dieu s'en souviendrait. Quelle illusion ! Quelle désillusion surtout le jour de sa mort ! Que d'hommes, de femmes vivent aujourd'hui à sa façon ! Ils pensent qu'avec un brin de religion, un brin de charité, un brin d'actions sociales ou syndicales, les portes du ciel leur seront ouvertes. Qu'ils se trompent ceux-là ! Puisse Dieu Lui-même leur ouvrir les yeux !

Dans quels Evangiles ont-ils lu pareilles choses ? Seules la repentance et la foi nous rendent Dieu favorable. Sous la plume de Luc, l'évangéliste, au chapître 13 et au verset 3, Jésus nous prévient en ces termes : «Si vous ne vous repentez pas, vous périrez tous également.» C'est bel et bien pour ne pas s'être repenti que le riche s'est retrouvé au séjour des morts. Il l'avoua lui-même, à mots couverts bien sûr, dans son cri à Abraham en faveur de ses frères : «Envoie Lazare dans la maison de mon père, car j'ai cinq frères [...] si quelqu'un des morts va vers eux, ils se repentiront.» Ainsi savait-il qu'il aurait dû se repentir et regretter devant Dieu une vie égoïste, vaniteuse, perdue dans le luxe et l'argent, pour être sauvé. Alors, à qui la faute ? Que de gens aujourd'hui, comme lui, savent ce qu'ils ont à faire pour être sauvés ! Quand vous le leur demandez, pas la moindre hésitation, ils savent !

Hélas ! Ils sont déjà nombreux et le seront encore, ceux qui, en enfer, auront su ! Je vais y penser sérieusement, dites-vous. Soit ! Sachez toutefois que le chemin qui mène en enfer est pavé de bonnes intentions. Et puis, demain ne vous appartient pas. Vous ne pouvez être sûr d'être encore là. C'est pourquoi Dieu dit dans Sa Parole : «C'est aujourd'hui le jour du salut. » (2 Corinthiens 6:2) Vous êtes-vous repenti de vos péchés ? Avez-vous sincèrement regretté votre existence sans Dieu bien que peut-être apparemment pieuse (2 Timothée 3:5) ? Devant Dieu il faut tomber le masque (1 Samuel 16:7). Faites confiance au Christ, Il vous sauvera et vous donnera une vie chrétienne joyeuse et épanouie.

Mais qu'est-ce que se repentir, puisqu'il semble que ce soit là la clé du salut ? Se repentir signifie littéralement «changer d'avis». Le message et la présence du Christ influant sur notre cœur et notre esprit nous changent dans notre façon de voir, de concevoir et de percevoir ; ils nous changent dans notre mentalité et dans nos attitudes. Ils nous font changer de route. Ne dit-on pas couramment que «pour changer de vie, il faut changer d'avis » ? Jésus a parlé de deux chemins : «Large, dit-Il, est celui qui mène à la perdition ; beaucoup entrent par là, mais étroite est la porte, resserré le chemin qui mène à la vie. Il y en a peu qui les trouvent. » (Matthieu 7:13, 14) Ces deux chemins conduisent à deux destinées éternelles, respectivement l'enfer et le ciel. Notez bien que ni là, ni ailleurs, dans l'Ecriture, il n'est question d'un troisième chemin conduisant dans un lieu intermédiaire. Jésus n'en parle pas, se bornant à dire qu'un grand abîme sépare le riche du pauvre, abîme qu'il n'est pas possible de franchir, ni dans un sens, ni dans l'autre (Luc 16:26). «Après la mort vient le jugement » dit la Bible (Hébreux 9:27), et c'est pourquoi, du fond des âges, nous vient l'appel du prophète : «Prépare-toi à la rencontre de ton Dieu. » (Amos 4:12) Se préparer à rencontrer Dieu, c'est mettre sa conscience et sa vie en ordre devant Lui. C'est en Christ qu'on le fait, en quittant son péché, ses passions, ses mauvaises habitudes, sa vie de mensonge et d'adultère, pour une existence droite, pure et honnête devant Dieu et devant les hommes. C'est ainsi qu'on quitte le chemin large pour le chemin étroit. Le péché conduit à la mort, c'est-à-dire à la privation éternelle de Dieu.

«L'âme qui pèche est celle qui mourra», dit Ezéchiel (chapitre 18:4), et l'apôtre Paul d'écrire : «Le salaire du péché c'est la mort, mais le don gratuit de Dieu, c'est la vie éternelle en Jésus-Christ, notre Seigneur.» (Romains 6:23)

Vous est-il arrivé de réfléchir à votre éternité ? César Borgia a dit : «Dans toutes les circonstances de ma vie, j'ai été prévoyant, et j'ai toujours pris les dispositions nécessaires. Voilà que maintenant je dois mourir sans y être préparé.» Mais peut-on s'y préparer vraiment ? Pour toute réponse, écoutons un homme de la Bible, Job, au clair sur la question : «Je sais, dit-il, que mon Rédempteur est vivant et qu'Il se lèvera le dernier sur la terre. Quand ma peau sera détruite, Il se lèvera, quand je n'aurai plus de chair, je verrai Dieu. Je Le verrai, et Il me sera favorable.» (Job 19:25) Possédez-vous, ami, ce genre de certitude ? Voilà qui peut vous tirer de vos sables mouvants, de vos crises et de vos grandes angoisses. Vous n'êtes pas convaincu, estimant que Job fut un homme comme il y en eut peu. Je vous l'accorde. Cependant, c'est bien à tous, à vous comme à moi, que Jésus adresse le message suivant : «En vérité, en vérité, Je vous le dis, celui qui écoute Ma parole et qui croit à Celui qui M'a envoyé, a la vie éternelle ; il ne vient point en jugement, mais il est passé de la mort à la vie.» (Jean 5:24) Remarquez que Jésus dit «Il est passé» et non «Il passera» de la mort à la vie. Pour sa part, Jean l'évangéliste précise, par souci de persuader ses lecteurs qu'ils sont déjà sauvés, s'ils ont mis leur confiance en Jésus-Christ : «Je vous écris ces choses, afin que vous sachiez que vous avez la vie éternelle, vous qui croyez au nom du Fils de Dieu.» (1 Jean 5:13) Il est donc vrai qu'on peut se préparer au «Grand Passage», être même sûr de son salut et de la vie éternelle avec Dieu quand on a choisi le Christ. N'est-ce pas merveilleux ? Rassurez-vous, nous ne rêvons pas, car nous nous fondons sur l'Ecriture Sainte qui est le Rocher des siècles. Notre salut dépend des promesses de Dieu et non de nos prouesses. «Or, celui qui a fait la promesse est fidèle», dit la Bible (Hébreux 10:23). Cessez de compter sur vous-même pour votre salut. Comptez sur le Christ, de toutes vos forces. C'est ça la foi. Comptez sur le sacrifice de la croix comme rançon de vos péchés et soyez en repos. Et surtout, dites merci... N'oubliez pas.

Le riche est à présent dans son lieu de perdition éternelle. Il y est entré le jour de son décès, rappelons-le, pour avoir dit non à la repentance, et ce, de façon délibérée. Une fois là, il se met à crier à Dieu, cherchant le contact avec Lui, à ne pas en croire nos oreilles ! Je n'invente rien, revoyons nos textes (Luc 16:24). C'est à Abraham qu'il s'adresse, lequel Abraham dans ce récit, fait figure de Dieu. (La Bible le nomme le père des croyants (Esaïe 51:2), mais il est clair que le vrai père des croyants, c'est Dieu.) Voilà qui est étrange, vrai quand même, et c'est de toutes ses forces qu'il appelle, comme jamais de son vivant. Il ne fait aucun doute qu'il dut prier, réciter des litanies quand il était sur terre, mais du bout des lèvres et du bout du cœur : son âme n'y était pas, sa vie non plus. Il avait autre chose à faire et à penser, que voulez-vous, d'autres chats à fouetter dans cette vie brillante et joyeuse qui fut la sienne. Comme nous d'ailleurs, il n'avait jamais le temps. Eh bien ! Qui sont en réalité ceux qui crient et appellent dans l'au-delà ? Ne vous en déplaise, ce sont ceux qui ne l'ont jamais fait sérieusement ici-bas, et pour les raisons qu'ils savent ! Et que veut le riche dans sa prière ? Un peu d'eau pour apaiser ses souffrances. Rappelons que ces événements ont eu lieu après son trépas, et que l'eau dont il avait besoin n'était pas une eau physique, mais une eau spirituelle, pour répondre à une soif spirituelle. Pour en demander, il semble qu'à partir de son lieu, ce riche ait aperçu un cours d'eau dans l'endroit où Lazare se trouvait. Etait-ce «ce fleuve dont les courants réjouissent la cité de Dieu» (Psaumes 46:5), ou «ce fleuve d'Eau de la Vie, limpide comme du cristal, qui sort du trône de Dieu» (Apocalypse 22:1) ? C'était à coup sûr l'Eau Vive dont Jésus a parlé à la femme samaritaine en ces termes : «Celui qui boira de l'eau que Je lui donnerai n'aurai jamais soif, et l'eau que Je lui donnerai deviendra en lui une source d'eau qui jaillira jusque dans la vie éternelle.» (Jean 4:14) C'est à cette Eau-là qu'il en appelle, à cette Eau Vive qui est une image de la Vie de Dieu faisant irruption en nous quand, sur terre déjà, nous nous confions au Christ. De cette Eau Vive, à savoir de son Dieu, le riche n'en voulut point en ce bas monde, Lui préférant autre chose. Elle lui fit terriblement défaut dans l'autre. Cette Eau Vive est encore une parabole du Saint-Esprit qui comble nos cœurs de joie, d'amour, de paix quand Il nous habite (Jean 7:37, 38). Bref, l'enfer est un lieu où Dieu manque et où manquent aussi Son amour, Sa joie, Sa paix, Son repos.

C'est un désert spirituel, une solitude aux effroyables hurlements, un lieu où s'éprouve un immense besoin de Dieu sans jamais pouvoir y satisfaire ! C'est, en fait, de Dieu dont le riche a soif, de ce Dieu dont il se passa fort bien sur la terre. Dieu l'avait pourtant cherché, ne fût-ce que par le moyen du pauvre Lazare. L'enfer est un lieu de soif éternelle où la perte totale du Dieu d'amour est intensivement ressentie ! Croyez bien qu'il m'eût été préférable de vous parler d'autre chose, mais il s'agit d'une vérité dont le Christ nous entretient dans l'Evangile. Comment la taire ? Il faut au contraire la dire de toutes nos forces pour qu'on ne se berce plus d'illusions. Sommes-nous au clair sur le risque d'une éternité sans Dieu, si nous refusons de nous repentir ? Jésus le dit : «Si vous ne vous repentez pas, vous périrez tous également.» (Luc 13:3, 5)

Et puis, ce cri angoissé du riche dans ses ténèbres, ne nous rappelle-t-il pas un autre cri, celui du Fils de Dieu sur la croix, couvert qu'il était de sueur, de poussière, de sang : «Mon Dieu, mon Dieu, pourquoi m'as-tu abandonné ?» (Matthieu 27:46) N'était-ce pas là une même soif qu'Il exprima, la soif de son Dieu qui l'avait quitté, aux heures sombres du sacrifice, quand Il mourut pour nous, chargé de nos fautes, de nos péchés et de notre enfer ? Il fut privé, séparé de son Père céleste : voilà qui explique ce cri. Le péché sépare de Dieu, dit la Bible, et dans ce monde et dans l'autre : «Ce sont vos crimes qui mettent une séparation entre vous et votre Dieu, ce sont vos péchés qui vous cachent Sa face et L'empêchent de vous écouter.» (Esaïe 59:2) C'est donc pour être mort dans ses péchés que le riche est allé au séjour de la soif éternelle. C'est aussi pour avoir pris sur Lui nos péchés que Jésus sur la croix a eu soif, soif de Dieu Son Père. Si nous vivons dans le péché, nous sommes déjà séparés de Dieu et nous avons soif. Rien ne nous satisfait. Plus en avons-nous, et plus nous en voulons. «Il y a dans le cœur de l'homme un vide qui a la forme de Dieu», a dit Pascal. Si, par malheur, nous mourons sans avoir réglé la question de notre péché, c'est au séjour des morts que nous irons crier éternellement notre soif de Dieu ! Insupportable, dites-vous ! Pourtant vrai, car le péché, sous quelque forme que ce soit, ne peut paraître devant Dieu : «Ses yeux sont trop purs pour voir le mal.» (Habacuc 1:13) Dieu est saint, trois fois saint, c'est-à-dire beauté parfaite. Comment souffrirait-Il la corruption en face ? En outre, si nous devions, avec nos péchés, entrer au ciel, nous ferions un enfer de ce lieu comme celui que nous vivons ici-bas. Vous n'y pensez pas !

Dieu dit dans Sa Parole qu'Il ne veut pas la mort du pécheur, mais qu'il vive (Ezéchiel 18:23). Preuve en est que le ciel est destiné aux pécheurs, aux méchants, aux violents, mais repentis et sauvés par grâce (Matthieu 11:12). Oui, d'anciens pécheurs en grand nombre peupleront le ciel. Jésus est venu sur terre, il y a deux mille ans, pour régler entre Dieu et nous, une fois pour toutes, l'immense question du péché dont la croix délivre. C'est entre Dieu et nous qu'Il a souffert et qu'Il est mort, pour nous réconcilier avec Son Père. Il s'est chargé de nos péchés, Il est allé plus loin en prenant aussi sur Lui notre enfer (Matthieu 27:46).

Dieu hait le péché, car de lui viennent toutes nos souffrances, toutes nos douleurs, tous nos malheurs, mais Il aime le pécheur ! C'est inextricable, dites-vous. Le Christ pourtant, en se substituant au pécheur sur la croix, le dégage de son péché et le sauve. Tel a été le sens de Sa mission ici-bas : éloigner le pécheur de son péché. Le croire c'est retrouver le contact avec Dieu. Si vous le vouliez, Il vous sauverait pour le présent et pour l'éternité. Il vous suffit de regretter sincèrement vos fautes qui L'ont horriblement déchiré tant dans son corps que dans son âme sur le bois du Calvaire. Il vous suffit de Lui faire confiance, c'est-à-dire de vous en remettre à Lui entièrement. Peut-être même avez-vous soif de Dieu, soif de Le connaître, de le rencontrer, soif de réconciliation avec Lui. Jésus dit dans l'Evangile : «Si quelqu'un a soif, qu'il vienne à moi, et qu'il boive. Celui qui croit en Moi, des fleuves d'eau vive couleront de son sein, comme dit l'Ecriture. Il dit cela de l'Esprit que devaient recevoir ceux qui croiraient en Lui.» (Jean 7:37-39) Avez-vous soif de Dieu ? C'est au Christ qu'il faut aller, et l'Eau Vive qu'Il vous donnera jaillira jusque dans la vie éternelle, car le ciel, lui aussi, commence à se vivre sur la terre !

QUAND L'ENFER PRIE
ET TREMBLE POUR LA TERRE !

Nous disions qu'au sein même de ses cauchemars d'outre-tombe, le riche priait comme il ne le fit jamais avant sa mort, criant son ardente soif de Dieu. Puis il songea à ses cinq frères restés sur terre, lesquels, pour la vie qu'ils menaient, risquaient fort de le rejoindre un jour en son lieu : «Je te prie donc, père Abraham, dit-il, d'envoyer Lazare dans la maison de mon père ; car j'ai cinq frères. C'est pour qu'il leur atteste ces choses, afin qu'il ne viennent pas aussi dans ce lieu de tourments.» (Luc 16:27, 28) — Abraham, disais-je, fait ici figure de Dieu. — Nous voilà bien surpris d'apprendre que le purgatoire n'est point dans l'au-delà, mais ici-bas ! En effet, a-t-on déjà enseigné quelque part que les perdus en enfer prient pour le salut de leurs bien-aimés encore sur terre ? C'est pourtant ce que le Christ, ici, nous fait savoir. Et qui étaient ses cinq frères ? Nous ne le savons pas. Etaient-ils aussi fortunés que lui ? Nous l'ignorons aussi. Ce que le récit précise, par contre, c'est qu'ils ne s'étaient pas encore repentis. «Si vous ne vous repentez pas, dit Jésus, vous périrez tous également.» (Luc 13:3, 5).

Imaginez à présent notre riche en enfer, priant pour le salut de ses frères ! Qui l'eût cru ? Ne nous dit-on pas souvent que ce sont les «sauvés» ou les «saints» morts avant nous qui pensent à nous ici-bas ? Qui dit vrai ? Sont-ce les «perdus» ou les «sauvés» qui, au-delà du temps, prient pour nous ? J'ai plaisir à vous rappeler que les textes que nous commentons sont du Christ. Ils font autorité. Ils disent la vérité. Ce sont les «perdus» en enfer, qui prient et tremblent pour le salut de ceux et celles qu'ils affectionnent et qui sont encore sur la terre. Ils prient pour eux parce qu'ils encourent le même sort qu'eux, ne s'étant pas encore repentis ! En fait, ce sont les «perdus» là-bas qui prient pour les «perdus» ici. Terrible réalité que celle-là ! Pourtant vraie ! Et c'est vainement qu'ils le font. En effet, le riche ne fut pas entendu dans sa requête, jugez-en : «Ils ont Moïse et les prophètes, qu'ils les écoutent», lui répliqua Abraham.

N'avez-vous pas, vous aussi, chez vous, Moïse et les prophètes, c'est-à-dire la Parole de Dieu, la Bible ou l'Evangile ? Certes, mais ils se couvrent de poussière sur quelque meuble ou dans quelque tiroir ! N'avez-vous pas même une religion qui vous sécurise ? C'est la meilleure, dites-vous. Soit ! La Bible dit cependant qu'avec la meilleure religion on va encore en enfer. Ce riche, n'avait-il pas eu, en son temps, la meilleure religion ? Certainement ! Vous savez la suite. Et l'Ethiopien du chapitre huit du livre des Actes des apôtres... homme intelligent, cultivé, ministre des finances de son pays, ne s'était-il pas, une première fois, dégagé des pratiques païennes de ses ancêtres pour embrasser la meilleure religion de son temps : Moïse et les prophètes ? Il dut cependant se convertir au Christ pour être sauvé, car aucune religion ne sauve. Seul Christ le peut. Ces textes de Luc, dont Jésus est l'auteur, nous font savoir que l'on peut, toute sa vie, posséder chez soi les Saintes Ecritures et finir en enfer. Il faut à tout prix rencontrer le Christ des Ecritures, l'avoir dans sa vie et dans son cœur pour être sauvé. «Christ en vous, dit l'apôtre, c'est l'espérance de la gloire.» (Colossiens 1:27)

Le fait même de posséder la meilleure religion, que chacun croit avoir, ne sauve personne ! Il importe que le Christ habite en nous par la foi (Ephésiens 3:17). Mais où est-il ? Où donc aller le chercher ? Là, tout près, à votre porte ! «Voici, je me tiens à la porte et je frappe», dit-Il, «Si quelqu'un entend ma voix et ouvre la porte, j'entrerai chez lui...» (Apocalypse 3:20) A quoi bon avoir chez soi le remède à un mal qui nous ronge quand nous n'en usons pas ? Même en lieu sûr chez nous il ne servirait de rien. Le dire à nos voisins, à nos amis ne nous guérirait pas. Que d'hommes, de femmes disent couramment : «J'ai la Bible chez moi.» Des millions de gens ont à la maison ce livre prodigieux, puisqu'il est le *best-seller* mondial,

mais ils ignorent le Christ. Etes-vous de ceux-là ?
N'attendez plus. Ouvrez ce livre. Faites comme les
Béréens (Actes 17:11), lesquels chaque jour, oui, chaque jour, «examinaient les Ecritures pour savoir si ce
qu'on leur disait était vrai », ou voudriez-vous risquer
de perdre votre éternité, tels les cinq frères du mauvais riche ?

Ah ! S'ils avaient su que leur infortuné frère, au séjour des morts priait pour eux ! Tenez... Il eût pu se
faire, après tout, qu'au même moment, ceux-ci pri-
aient pour lui, demandant à Dieu le repos de son âme
et son passage en paradis. Imaginez ! L'enfer priant
pour la terre et la terre pour l'enfer ! Quand on pense
que cela se passe encore de nos jours ! Autant de priè-
res que Dieu n'a pas entendues et qu'Il n'entend toujours pas, car, dit-Il, «c'est aujourd'hui le jour du salut » (2 Corinthiens 6:2). C'est sur terre que se décide
l'éternité, avec ou sans Dieu. «Après la mort vient le
jugement », dit l'auteur du livre aux Hébreux (Hébreux 9:27, 28). C'est en fait un premier jugement que
d'atterrir au séjour des morts en attendant le jugement dernier, annoncé au vingtième chapitre du livre
de l'Apocalypse, jugement dernier qui fera compa-
raître devant Dieu, siégeant sur son grand trône
blanc, tous ceux et celles dont les noms n'auront pas
été trouvés écrits dans le livre de vie. Au fait, avez-
vous le vôtre dans ce livre ? Etes-vous sur le registre
céleste du Christ ? Jésus dit à ses disciples : «Réjouis-
sez-vous de ce que vos noms sont écrits dans les
cieux. » (Luc 10:20) Toute naissance ici-bas est portée
en mairie sur un registre d'état civil. Toute «nouvelle
naissance » est, elle aussi, inscrite sur un registre céleste que la Bible appelle le «Livre de Vie». Etes-vous
citoyen des cieux ? Dieu vous est-Il un Père ? En
d'autres termes, êtes-vous né de Lui ? Entretenez-
vous avec Lui une relation d'enfant à Père et de Père
à enfant ? Ces hommes que nous appelons «Papa»,
nous les nommons ainsi, car nous sommes nés d'eux,
ainsi pouvons-nous dire de Dieu qu'Il est notre Père,
et l'appeler «Abba» (Romains 8:15, 16), c'est-à-dire
Papa, quand Il nous a spirituellement engendrés. Est-
ce votre cas ? Votre expérience ? Comment naître de

Dieu, dites-vous ? Que faire pour qu'Il devienne un vrai Père ?

Recevoir le Christ en soi par la foi comme l'enseigne Jean, l'apôtre, en ces termes : «A tous ceux qui L'ont reçu, à tous ceux qui croient en Son nom, Il a donné le pouvoir de devenir enfants de Dieu, lesquels sont nés, non du sang ni de la volonté de la chair, ni de la volonté de l'homme, mais de Dieu.» (Jean 1:12, 13) Voilà comment «naître de nouveau». C'est ainsi qu'on a son nom écrit dans les cieux. Pourquoi attendre et remettre à plus tard ce qui peut se faire aujourd'hui ? Dieu, dans Son amour pour nous, depuis zéro heure ce matin a fixé de nouveau un jour de grâce et de salut ; ce jour, c'est aujourd'hui ! La Bible dit : «Aujourd'hui, si vous entendez sa voix, n'endurcissez pas vos cœurs.» (Hébreux 4:7) Etes-vous prêt, aujourd'hui, à entrer dans votre salut ? Vous ne le pouvez qu'en Christ, seul médiateur entre Dieu et les hommes, dit Paul (1 Timothée 2:5). Ceci veut dire qu'Il se tient entre Dieu et vous, qu'Il a dans une main, la main de son Père et qu'Il vous tend l'autre pour la grande réconciliation. Tout est fait, tout est accompli (Jean 19:30), mais tout peut être perdu. A vous donc maintenant de vous en saisir !

UN CŒUR PLEIN, DES MAINS VIDES

Avez-vous remarqué, dans les enseignements de Jésus sur l'au-delà (Luc 16:19-31), que le nom du pauvre nous est donné — Lazare — et que celui du riche nous est caché ? Est-ce à dessein ? Ce nom Lazare aurait-il quelque chose à nous apprendre ? Aussi ai-je consulté mon dictionnaire biblique pour savoir ce qu'il signifie. Et savez-vous ce que j'ai découvert ? Je vous le donne en mille ! J'ai découvert que je m'appelle aussi Lazare. Vous voilà surpris, parce que, comme moi, vous ne saviez pas que Lazare signifie en hébreu «Dieu a secouru», «Dieu est venu en aide». Ce nom donc nous apporte tout un message, tout un témoignage. L'auteur de ce livre se nomme Lazare, car Dieu, un jour, lui est venu en aide, Il l'a secouru, Il l'a sauvé. Rassurez-vous... on l'appelle toujours Alain Choiquier ! Cependant, tous ceux et celles qui ont expérimenté le secours de Dieu, Son salut, sont des «Lazare». En êtes-vous un, ami ? Dieu ne vient en aide que lorsqu'on le Lui demande de tout son cœur. Ce pauvre, dans sa misère, ses haillons, avait dû crier à Lui et Dieu lui était venu en grâce. Il ne devait inspirer que dégoût et mépris dans sa vie de souffrance et c'est de miettes tombant de la table du riche qu'il se nourrissait.

Toutefois, dans sa grande pauvreté, il était plus riche que le mauvais riche ! Sa richesse était son salut : voilà une valeur sûre, un bien qui ne dévalue pas, qui ne flotte jamais, un héritage éternel et immuable que le Christ offre gratuitement à ceux et celles qui en veulent. Au jour de sa mort, le riche ne put passer avec lui tout son or, même en fraude ! Tandis que le pauvre, lui, a passé son trésor, et c'est ainsi qu'il se retrouva au ciel dans la paix éternelle auprès de son Dieu. C'est bien un trésor que la vie éternelle ! Jésus l'accorde à quiconque se repent de ses péchés et Lui fait confiance. Avez-vous reçu la vie éternelle ? Quelle question, dites-vous ! Notez que je ne demande pas si vous la méritez. Vous attendriez longtemps et toujours. Beaucoup disent «On verra...»

Quel dommage que cette réponse quand la Bible dit qu'on peut être sûr de son salut. Sûr, dites-vous ? Oui, sûr ! Car cette vie éternelle ne résulte pas de nos mérites, ni de nos bonnes œuvres (Ephésiens 2:8). Elle est donnée comme une grâce, et Jésus seul en est le garant (Jean 10:28). Si elle dépendait de nous, nous aurions tout lieu d'en douter. C'est peut-être même ce qui explique votre incertitude actuelle ! Vous n'êtes pas convaincu... Eh bien, dites-moi ce que fit le pauvre pour aller au ciel ? des œuvres ? Jésus n'en dit pas un mot, tandis qu'Il cite celles du riche. Le pauvre avait plutôt besoin qu'on en fît pour lui. Nous voilà perplexes, car celui qui eut des œuvres est allé en enfer et celui qui n'en eut point, au ciel ! C'est la religion à l'envers ! Justement, voilà bien la preuve que les œuvres ne sauvent jamais. Le riche aux mains pleines était en fait plus pauvre que Lazare. L'essentiel lui manquait, le salut, encore qu'il faille savoir que le pauvre ne fut pas sauvé pour sa pauvreté. Ne pensez pas que tous les miséreux hériteront du Royaume de Dieu. La Bible n'en dit rien. Ils seront terriblement déçus, ceux qui comptent sur leur dénuement pour hériter du ciel. Faire de la pauvreté un culte ne sauve personne. Jésus a dit : «Heureux les pauvres en esprit, car le Royaume des cieux est à eux.» (Matthieu 5:3) Il faut comprendre là les humbles et non les déshérités. Cependant, la Bible précise que la misère peut prédisposer au salut en ce qu'elle en appelle souvent à la providence. Ce pauvre fut sauvé parce qu'il mit sa confiance en Dieu qui le secourut. Voilà toute l'explication.

Le Christ est venu sur terre, il y a deux mille ans, pour nous rendre riches d'un salut éternel (Hébreux 5:9). «Le Fils de l'Homme, dit-il, est venu chercher et sauver ce qui était perdu.» (Luc 19:10) Et qui plus est, il voudrait que nous possédions la certitude de notre salut (Jean 10:28, 29). Voilà qui remplit les cœurs de joie et de paix ! Etre au clair sur sa destinée éternelle, être sûr de son chemin, quel avantage ! Quel repos !

Est-ce possible, dites-vous ? Je laisse à Jean, l'apôtre, le soin de répondre sur ce point. «Je vous écris ces choses, dit-il, pour que vous sachiez que vous avez la vie éternelle, vous qui croyez au nom du Fils de Dieu. » (1 Jean 5:13) Et Jésus lui-même d'affirmer : «Je suis la résurrection et la vie, celui qui croit en moi vivra, quand même il serait mort, et quiconque vit et croit en moi ne mourra jamais. » (Jean 11:25, 26)

Au geôlier qui lui demandait ce qu'il fallait faire pour être sauvé, Paul répondit : «Crois au Seigneur Jésus et tu seras sauvé. » (Actes 16:31) Croire, ici, n'a rien à voir avec croire qu'Il a existé. C'est se confier de cœur en Lui, c'est prendre au mot ce qu'Il a dit et enseigné, en d'autres termes Lui faire confiance pour tout. Maintes fois Jésus dans l'Evangile s'est écrié : «Celui qui me fait confiance a la Vie éternelle. » (Jean 6:47) Pensez-vous un seul instant qu'Il ait cherché à nous tromper ? La croix sur laquelle Il est mort est une preuve évidente de Son amour pour nous. Le salut n'eût pas été possible sans le sacrifice du Calvaire, car ce sacrifice a expié nos fautes (Hébreux 2:17). Votre salut dépend donc du Christ, de Son œuvre à la croix et non de vous. Il vous revient cependant de prendre par la foi et comme une grâce, ce cadeau éternel. Mais peut-être vous est-il pénible de n'avoir rien à faire ? Rassurez-vous, vous aurez à faire, mais une fois sauvé seulement. Pour l'heure, demandez pardon au Christ, car vos péchés l'ont crucifié, abandonnez-Lui votre vie et faites-Lui confiance, ce qui sera déjà beaucoup de votre part.

TOUT CE QUI BRILLE N'EST PAS OR

Lorsqu'un pauvre est porté en terre, il est rare qu'on s'en aperçoive. Aucune pompe, aucune cérémonie n'accompagne ses funérailles. Ce fut sûrement le cas de Lazare au jour de son enterrement. Mais peu importe la façon dont nous habillons la mort, elle reste la mort. Toute la question est de savoir dans quelle direction elle nous emporte. Vers Dieu ou loin de Lui ? Pour Lazare, sitôt le dernier souffle rendu, des anges étaient là, dans leurs habits éclatants, spécialement délégués par Dieu pour l'envoyer chercher (Luc 16:22). Dès son arrivée au port éternel, il fut emmené par eux jusque dans la présence même du Dieu qui le secourut du temps de son vivant sur la terre. Le texte nous parle du sein d'Abraham dans lequel il fut porté. Souffrez que nous disions encore qu'Abraham est ici une figure de Dieu. C'est donc à Dieu que le pauvre fut introduit par ces êtres célestes et le voilà maintenant entré dans le bonheur éternel, la paix, le repos et la consolation. N'était-ce pas une belle mort que la sienne ? Marcel Achard, que j'ai eu l'occasion de citer, a dit : «Il n'y a pas de belle mort !» Humainement parlant, nous en convenons. Sur un autre plan, la mort de Lazare dit le contraire, et la Bible affirme, dans le livre de l'Apocalypse : «Heureux, dès à présent, ceux qui meurent dans le Seigneur !» (Apocalypse 14:13) Oui, heureux sont-il, dit l'Ecriture. C'est la neuvième béatitude dans laquelle sont déjà entrés des millions d'hommes et de femmes morts dans le Seigneur, c'est-à-dire dans la foi en Lui. Leur espérance ne les a pas trompés, comme Lazare ne le fut point dans la sienne. Savez-vous que ce texte que nous venons de citer est la seule fois où, dans la Bible, la joie est associée à la mort ? Dieu sait changer ce mal en bien, car rien ne Lui est impossible (Luc 18:27).

Quel bonheur de connaître un tel Dieu ! On comprend mieux pourquoi des hommes et des femmes en grand nombre ont été jusqu'au sacrifice de leur vie pour le Christ. Néron, qui malmena les chrétiens, leur faisant porter la responsabilité du grand incendie de Rome qu'il avait lui-même allumé, fut surpris jusqu'à l'irritation de les voir, dans l'arène, mourir en chantant. Cela vous étonne-t-il ? «Heureux, dès à présent, ceux qui meurent dans le Seigneur !» dit la Bible. Ceci me fait penser à l'histoire dont me fit part celui qui m'a conduit au Christ, il y a de cela plusieurs années. Un homme jeune vint un jour le trouver pour lui dire ce qui suit : «Ma chère maman, qui se disait chrétienne, vient de mourir d'étrange façon. Sur son lit de maladie, la respiration difficile, elle attendait courageusement la fin. J'étais auprès d'elle, la veillant, quand tout à coup, se soulevant, elle lança : «Gloire ! Gloire !» pour retomber sans vie. Sauriez-vous me dire pourquoi elle s'en est allée ainsi ? Que signifie ce cri poussé avant sa mort ? J'oubliai de vous dire que ce fils était libre-penseur. «Eh bien, répondit l'homme de Dieu, elle fut sûrement introduite dans la présence du Christ un court instant avant son dernier souffle. Peut-être avait-elle vu des anges l'attendant pour la conduire au Père céleste ?» J'ai personnellement longtemps habité près d'Orly, dans la région parisienne. Cet aéroport international nous assourdissait par le vol incessant de ses avions passant au-dessus de nos têtes, et il se faisait souvent que l'autoroute Orly-Paris fut interdite à la circulation pour permettre le passage de personnalités officielles venues rencontrer le Président de la République.

Lors de telles occasions, et à partir des routes parallèles auxquelles on nous obligeait, tn pouvait voir des motards dans leur bel apparat, emportant après eux, sur l'autoroute, ces personnalités jusqu'à l'Elysée. Il semble qu'il en soit ainsi pour tout chrétien de cœur, rendant le dernier souffle. Dès la mort franchie, les motards de Dieu sont là, les anges, pour l'emporter avec eux sur l'autoroute de la gloire jusqu'à l'Elysée céleste à la rencontre du Sauveur. Sera-ce là votre expérience, votre «grand passage» ? Et qui plus est, n'est-ce pas debout que le Christ reçut Etienne, premier martyr de l'Eglise (Actes 7:55) ? Est-ce de cette espérance que se nourrit votre cœur ou bien la mort vous est-elle encore une idée noire ?

Le brigand repentant, expirant sur une croix, fut, lui aussi, l'un de ces «heureux». «Je te le dis, en vérité, aujourd'hui même, tu seras avec moi dans le paradis», lui dit Jésus (Luc 23:43). Quelle bouffée d'air frais, quel souffle d'espérance sur son cœur mourant que cette parole à ses oreilles ! Il faut dire qu'il s'était d'abord confié au crucifié du centre, en ces termes : «Souviens-toi de moi quand tu viendras dans ton règne.» Voulez-vous, comme lui, regarder au Christ ? Emparez-vous sans attendre des certitudes qu'Il accorde pour le présent, l'avenir, l'éternité. Quittez vos sables mouvants, lisez Sa Parole. La foi vous viendra et vous remplira d'une espérance vivante et tonifiante ; votre vie en sera toute changée (2 Corinthiens 5:17).

UNE SEULE ALTERNATIVE

Il n'est question que de deux destinées éternelles dans le passage de l'Evangile de Luc qui nous intéresse (Luc 16:19, 31). S'il y en avait d'autres, Jésus en aurait sûrement parlé. Or, ni là, ni ailleurs dans la Bible, nous n'en trouvons trace. Ces deux destinées éternelles correspondent à deux lieux qui sont le ciel d'une part et le séjour des morts d'autre part. La plénitude éternelle de Dieu d'une part et le vide éternel de Dieu d'autre part avec, entre eux et les séparant, un grand abîme, selon les termes mêmes du Christ (Luc 16:26).

Il se peut que la notion d'enfer vous soit terriblement gênante, voire insupportable, et qu'elle ait une résonnance moyenâgeuse à vos oreilles. Sachez qu'il ne s'agit pas ici de l'enfer mythologique des fournaises de Vulcain, mais d'un lieu où Dieu fait défaut et que rejoignent, dès leur mort, ceux et celles qui n'ont pas voulu du Christ leur vie durant. A partir de ce lieu, et selon nos textes, il leur est possible de jeter un coup d'œil sur l'Autre Endroit que la Bible appelle le Ciel destiné aux rachetés, aux chrétiens de cœur. «Au séjour des morts, dit Jésus, le riche leva les yeux, et, tandis qu'il était en proie aux tourments, il vit de loin Abraham et Lazare dans son sein. » (Luc 16:23) Nous frémissons à la pensée que les «perdus», loin de Dieu, dans leur lieu de tourments, voient déjà et verront encore les «sauvés» dans leur félicité éternelle, sans jamais pouvoir les y rejoindre. Vous rêvez, dites-vous ! Le Christ pourtant l'enseigne, Lui qui a tant parlé d'amour ! De quel droit retenir de Lui et de Ses paroles ce qui nous plaît ? Dans un autre texte de ce même Evangile, Jésus insiste sur cette vérité : «C'est là, dit-Il, qu'il y aura des pleurs et des grincements de dents, quand vous verrez Abraham, Isaac et Jacob, et tous les prophètes dans le Royaume de Dieu et que vous serez jetés dehors. » (Luc 13:28)

En revanche, il n'est pas dit que Lazare, à partir de son lieu vit le mauvais riche en enfer, et nulle part ailleurs dans l'Ecriture il n'est enseigné que les «sauvés», dans leur félicité, verront les «perdus» au séjour de la grande soif. Illustrons cet enseignement de la manière suivante : quand nous nous tenons le soir dans nos maisons éclairées, nous avons peine à voir, derrière nos fenêtres, les passants qui vont et viennent, tandis qu'eux, à partir des rues sombres, peuvent aisément nous distinguer. C'est là, semble-t-il, sur une tout autre échelle bien sûr, et sur un autre plan, ce qui se passe dans l'au-delà, et croyez que ce n'est pas sans émotion que nous en parlons ! Il faut sérieusement y songer. Pouvons-nous dire, avec le psalmiste : «Tu es mon Dieu, mes destinées sont dans ta main» (Psaume 31:15, 16) ? Jésus affirme que nul ne ravira jamais de Sa main ceux qui se confient en Lui. Etes-vous de ceux-là ? Certains pensent qu'au jour de la mort c'est l'inconscience totale jusqu'à la résurrection. Le Christ n'a pas dit cela, au contraire ! A leur décès, le riche comme le pauvre sont restés conscients. Dans le livre de l'Apocalypse, il est aussi question de chrétiens morts martyrs, restés eux aussi conscients puisqu'ils s'adressent à Dieu, se souvenant même d'événements vécus sur terre (Apocalypse 6:9-11).

Croyez-vous que l'apôtre Paul aurait été si pressé de s'en aller pour être auprès du Seigneur, comme il l'écrivit dans sa lettre aux Philippiens, s'il avait cru un seul instant que les morts en Christ doivent attendre, inconscients, le jour de la résurrection pour rejoindre leur Sauveur (Philippiens 1:23) ? Il y aura certes une résurrection des «sauvés» comme des «perdus». Les premiers pour la vie éternelle, les seconds pour le jugement (Jean 5:29). Tout chrétien décédé est dans l'attente consciente de ce formidable événement que marquera le retour du Christ. Dans ce jour, il verra son corps ressuscité et rendu semblable à celui du Christ pour le réintégrer. Jugez-en vous-même par les textes qui suivent, en appréciant leurs détails :

«Car le Seigneur Lui-même, à un signal donné, à la voix d'un archange et au son de la trompette de Dieu, descendra du ciel et les morts en Christ ressusciteront premièrement. Ensuite, nous les vivants, qui seront restés, nous serons tous ensemble enlevés avec eux sur les nuées, à la rencontre du Seigneur dans les airs...» (1 Thessaloniciens 4:16, 17)

«... Notre cité à nous est dans les cieux, d'où nous attendons aussi comme Sauveur le Seigneur Jésus-Christ, qui transformera le corps de notre humiliation, en le rendant semblable au corps de Sa gloire, par le pouvoir qu'Il a de s'assujettir toutes choses.» (Philippiens 3:20, 21)

Quelles paroles d'espérance ! L'âme du chrétien, en paix auprès du Seigneur, dès le décès du corps, réintégrera son propre corps rappelé de la poussière et changé à l'image de celui du Christ, au jour de Son avènement. Quant au sort des autres, vous êtes à présent amplement informé... Rencontrerez-vous le Christ comme votre Sauveur ou votre juge ? Vous le rencontrerez, de toutes manières, pour Lui rendre des comptes sur l'existence qu'Il vous aura prêtée. Dans le livre du Deutéronome, Dieu, s'adressant à tout homme lui dit : «Vois, je mets aujourd'hui devant toi la vie et le bien, la mort et le mal. Choisis la vie, afin que tu vives.» (Deutéronome 30:15-19) Vous voilà devant un choix responsable, un choix dont la portée est considérable. Choisir la vie, c'est choisir Jésus-Christ. N'a-t-il pas dit : «Je suis la Vie» (Jean 14:9) ? La Fontaine écrivait : «On perd du temps au choix, on tente, on veut tout faire. N'en ayons qu'un et qu'il soit bon.»

Parce que ressuscité, Jésus vit aujourd'hui. Il peut se rencontrer, Il peut se vivre. Etant vivant, dit la Bible, Il peut sauver parfaitement ceux qui s'approchent de Dieu par Lui (Hébreux 7:25). Approchez-Le donc maintenant sans crainte, et tel que vous êtes, laissez-vous sauver par Lui. Avec Job vous direz alors : «Je sais que mon Rédempteur est vivant !» (Job 19:25)

LA MORT A TROUVE SON MAITRE

Au chapitre onze de l'Evangile de Jean, Jésus, à la stupéfaction de tous, rappelle Lazare d'entre les morts, et «le mort sortit, est-il écrit, les pieds, les mains liés de bandes et le visage enveloppé d'un linge». Quel prodige ! Il est vrai que certains objectent, disant : «Il n'était pas vraiment mort. A l'époque, il n'était pas possible de déterminer avec exactitude le moment de la mort comme on peut le faire de nos jours.» Eh bien ! Revoyons les textes concernant cette affaire. Ils nous apprennent que le cadavre de cet homme était resté quatre jours au tombeau quand Jésus arriva et qu'il sentait déjà ! Dans les pays chauds, comme c'est le cas de la Palestine, le processus est rapide. De quelque façon que nous prenions ce récit, il convient d'accepter que Lazare était mort, bien mort, et c'est à cet homme en état de décomposition avancée que Jésus a dit : «Lazare, sors !» Et le mort sortit... Quel prodige, disais-je, défiant toute explication !

Jésus signifiait par là que Son pouvoir s'étendait jusque sur la mort. Il l'a vaincue chez les autres (Luc 7: 11-17), mais Il l'a aussi vaincue chez Lui (Jean 10:18). En effet, trois jours après son décès sur la croix dans les circonstances que nous savons, Il est ressuscité. Quel triomphe ! De sorte que par Sa mort et Sa résurrection, Il peut délivrer aujourd'hui comme Il l'a fait hier, ceux qui connaissent des angoisses de mort (Hébreux 2:14, 15). Dans le livre de l'Apocalypse (1:18), le Christ dit ce qui n'est jamais sorti de bouche humaine depuis le commencement : «J'étais mort, voici, je suis vivant aux siècles des siècles. Je tiens la clé du séjour des morts.» C'est donc Lui qui vous rappellera un jour d'entre les morts, soit pour la vie éternelle, soit pour la honte éternelle. Il détient la clé de votre mort ; autrement dit, votre souffle est dans Sa main. Il vous ressuscitera, soit pour le ciel, soit pour le jugement et l'enfer, tenant compte ainsi du choix que vous aurez fait.

Pourtant, tout respectueux qu'Il soit de votre décision, Il vous invite au bon choix. Il a tout fait pour vous éviter la condamnation et la mort. «Celui qui croit en Lui n'est point jugé, est-il écrit, mais celui qui ne croit pas en Lui est déjà jugé, car il n'a pas cru au nom du Fils unique de Dieu. Et ce jugement, c'est que, la lumière étant venue dans le monde, les hommes ont préféré les ténèbres à la lumière, parce que leurs œuvres étaient mauvaises.» (Jean 3:18, 19) «Celui qui a le Fils de Dieu a la Vie, celui qui n'a pas le Fils de Dieu n'a pas la Vie, mais la colère de Dieu demeure sur lui.» (Jean 3:36) Savez-vous qu'en cet instant même, si vous êtes sans Christ, la colère de Dieu est sur vous, la colère de Son jugement auquel vous aurez à faire face un jour si vous ne vous confiez pas en Jésus-Christ pour votre salut. En ce jour-là, les hommes rebelles crieront aux montagnes et aux rochers de les cacher devant la face de Celui qui est assis sur son trône pour les juger (Apocalypse 6:16). La présence du Christ leur sera insupportable et nul ne pourra avancer quelque excuse que ce soit. Avec Dieu on ne s'expliquera pas, car Lui s'est déjà expliqué.

En effet, la croix sur laquelle le Christ est mort a été Sa grande explication aux hommes ! Par cet événement se situant au centre de notre histoire, Il nous a dit Son amour, Sa générosité, Sa grâce, mais aussi Sa justice et Sa sainteté. C'est pourquoi tout homme, toute femme doit un jour se placer face à la croix pour savoir ce que Dieu est et ce qu'Il veut.

Certains, en la regardant, applaudissent et complimentent le Christ pour son martyre, puis vont leur chemin. Ce n'est point d'applaudissements que Christ veut. Il n'a que faire de cela. Il n'est pas mort pour se donner en spectacle ou même en exemple, mais bien pour briser les forces du mal, de la corruption et de la mort. Il n'y avait pas d'autre façon de nous sauver. D'autres passent, indifférents, disant : «C'est son problème, nous ne Lui avons rien demandé.» Erreur ! C'est aussi leur problème, car il a été question d'eux à la croix, comme il a été question de vous et de moi. On cherche, de nos jours encore, à savoir qui porte réellement la responsabilité du martyre de Christ. C'est ainsi qu'un grand avocat français et l'abbé de Nantes se sont affrontés récemment devant le Tribunal de Grande Instance de la ville de Troyes, le premier accusant les Romains, le second les Juifs de cette immense erreur judiciaire... alors que nous en sommes tous responsables ! Car Il souffrit la mort pour tous, dit la Bible. Nous le Lui avions rien demandé, certes, mais Il a voulu nous donner une chance. Ne condamne-t-on pas, aujourd'hui, pour «non assistance à personne en danger » ? Nous sachant en danger de perdition éternelle, Son amour a été le plus fort. Au fond, le Christ aurait pu se désintéresser totalement de nous et de notre sort. C'eût été terrible ! Notre chance a été dans l'amour qu'Il nous porte. Quiconque, en effet, en appelle à la croix, est sauvé. Vous est-il arrivé de fixer, du cœur, le Christ mourant pour vous ? Non ? C'est pourtant là votre seule chance de salut ! (Colossiens 1:2)

Est-ce à dire que le riche fut exaucé dans son vœu, puisqu'un certain Lazare fut rendu à la vie ? S'agissait-il du même Lazare ? Sûrement pas, car la réponse d'Abraham fut claire et sans équivoque : «Si tes cinq frères n'écoutent pas Moïse et les prophètes, ils ne se laisseront pas persuader, quand même quelqu'un des morts ressusciterait.» (Luc 16:31) Le riche s'imaginait qu'un miracle comme celui d'une résurrection conduirait irrésistiblement ses frères à la foi. «Si quelqu'un des morts va vers eux, dit-il, ils se repentiront.» (Luc 16:30) Que d'hommes, de femmes attendent de tels éclats pour croire enfin ! Ils voudraient voir, mais voir quoi ? Des miracles ou Dieu en personne ! Souvenons-nous qu'Israël sous la conduite de Moïse, au désert, en avait demandé des miracles et qu'il fut abondamment exaucé ; cependant, il ne cessa de murmurer, de se révolter contre l'Eternel. Les miracles, au fond, ne l'avaient point aidé. Dans l'Evangile de Jean, il est dit qu'une grande foule suivait le Christ, friande qu'elle était de ses miracles. Elle en vint même à le croire, grâce à tout ce qu'Il faisait. Mais il est aussi dit que Jésus s'en était méfié ! Nous voilà choqués ! Pourquoi cette attitude face à cette foule émerveillée ? Simplement que voir n'est pas croire et que ces gens avaient eu besoin de voir pour croire. La foi ne vient pas de ce que l'on voit, mais de ce que l'on entend, dit l'apôtre aux Romains (Romains 10:17).

Il faut nécessairement entendre le message du Christ pour que la foi naisse, ou bien le lire, car lire est une façon d'écouter. «Nous marchons par la foi et non par la vue», dit encore l'apôtre (2 Corinthiens 5:7). Et puis le miracle n'est pas en soi un critère de vérité. En effet, si Dieu en est capable, l'ennemi le peut également ; la Bible l'enseigne (2 Thessaloniciens 2:9). Ainsi, quand il y a miracle quelque part, Dieu n'est pas toujours impliqué. Le diable est rusé pour séduire et tromper. Il peut aller jusqu'à se déguiser en ange de lumière, dit l'Ecriture (2 Corinthiens 11:14). Ceux et celles qui ont eu une apparition, une fois ou l'autre, ont-ils pu faire la preuve qu'elle venait de Dieu ? J'aimerais ici préciser qu'il est dangereux de se fier à ce que l'on peut voir ou sentir sur un plan religieux. Bien que Dieu soit pleinement capable d'opérer des miracles, nous ne devons pas être friands du spectaculaire, ni rechercher des sensations. Si croire n'est pas voir, ce n'est pas non plus sentir. Avoir la foi, c'est se fonder sur les promesses de Dieu et croire tout ce qu'il a fait écrire. Le plus grand des prophètes, Jean-Baptiste (Matthieu 11:11), ne fit aucun miracle. D'autres, de moindre importance, en ont fait ! Concluez vous-même. A Thomas qui voulut voir pour croire, Jésus répondit : «Heureux ceux qui n'ont pas vu et qui ont cru ! » (Jean 20:29) «Le Royaume de Dieu ne vient pas de manière à frapper les regards », a-t-il dit encore aux pharisiens (Luc 17:20). Croire de façon fébrile et électrique comporte d'énormes risques. Dieu ne veut pas que nous nous mettions les sens à fleur de peau. Ce peut être la porte ouverte à tout ! Marc, l'évangéliste, rapporte que des multitudes de malades approchaient le Christ pour toucher le bord de son vêtement et, ce faisant, ils étaient guéris (Marc 6:56). Mais en rester au bord des vêtements du Seigneur, quoique bienfaisant déjà, nous laisse tout de même à la périphérie. Il faut aller plus loin, jusqu'à la rencontre, au face à face avec Lui, comme le fit une femme de l'Evangile, atteinte d'une perte de sang depuis douze ans (Luc 8:43).

Quoiqu'il en soit, le plus grand des miracles que Dieu veut opérer chez chacun, chacune, c'est la nouvelle naissance. Jésus dit : «Il faut que vous naissiez de nouveau. » (Jean 3:7) Naître de nouveau, c'est se refaire une existence, c'est naître de Dieu. C'est changer de vie par la puissance du Christ, lequel, nous reprenant à zéro, fait de nous de nouvelles créatures (2 Corinthiens 5:17). Il y a, dans le sacrifice du Christ, assez de force pour briser vos chaînes, vos passions serviles, et faire de vous une personne libre (Jean 8:36). Il y a dans sa résurrection, toute la puissance d'une vie nouvelle. Etes-vous né de nouveau ? Quelle joie de savoir Jésus vivant aujourd'hui ! Se dire chrétien et ne pas l'avoir rencontré ne signifie rien ! Se dire chrétien et ne pas l'avoir avec soi tous les jours dans sa vie, à quoi bon ? Le recevoir en soi par la foi : voilà le plus grand des miracles ! Apprendre à le connaître dans son Livre, quel programme de vie ! Quelle richesse ! Jean-Louis Barrault a dit : «Jésus est l'homme le plus extraordinaire que l'humanité ait produit.» «En Lui, dit la Bible, sont cachés tous les trésors de la sagesse et de la science.» (Colossiens 2:3) Le drame, c'est qu'aujourd'hui, après 2 000 ans d'ère chrétienne, le Christ soit encore méconnu ! Or, «La vie éternelle c'est qu'on Me connaisse», dit-Il dans l'Evangile (Jean 17:3), et Le connaître ouvre la porte à une immense espérance.

PETITS ESPOIRS OU GRANDE ESPERANCE ?

Savez-vous que le Dieu de la Bible est appelé le Dieu de l'espérance ? Paul l'écrit en ces termes : «Que le Dieu de l'espérance vous remplisse de toute joie, de toute paix dans la foi, pour que vous abondiez en espérance par la puissance du Saint-Esprit.» (Romains 15:13) Que d'hommes, de femmes, à l'existence vide et fanée, parce qu'ils ont fini d'espérer. Que de visages et de regards comme éteints parce que l'espoir n'est plus ! Et combien de nos attentes et de nos rêves sont allés finir au cimetière des illusions mortes ! La Bible dit : «Malheur à l'homme qui se confie en l'homme et qui prend la chair pour appui. Mais heureux l'homme qui se confie en l'Eternel et dont l'Eternel est l'espérance.» (Jérémie 17:5, 7) A qui regardez-vous, ami ? En qui ou en quoi avez-vous vos espoirs et votre cœur ? Sur qui comptez-vous ? L'homme, où qu'il vive, est peu de chose. Nana Mouscouri le chante et l'apôtre Jacques l'a pensé : «Qu'est-ce que votre vie ? Vous êtes une vapeur qui paraît pour un peu de temps et qui ensuite disparaît.» (Jacques 4:14) La Bible, par ailleurs, nous fait savoir que nous ne sommes qu'un songe, qu'un souffle et qu'un son. Ah oui ! Pour faire du bruit, nous en faisons ! Voilà de quoi nous rendre cafardeux. Pourtant pas, car ce que nous sommes est très précieux aux yeux de Dieu. Jugez-en par ces paroles que Job adresse à son Créateur : «L'homme né de la femme ! Sa vie est courte et sans cesse agitée. Il naît, il est coupé, comme une fleur ; il fuit et disparaît comme une ombre. Et c'est sur lui que tu as l'œil ouvert.» (Job 14:1-3) Il est donc plus qu'urgent de fixer enfin l'essentiel.

Mais qu'est-ce que l'essentiel ? L'argent ? Il flotte ! L'or, lui, a des sautes d'humeur dangereuses. Souvenons-nous du naufrage du Titanic, superbe navire de croisière qui sombra dans de terribles circonstances. Ses passagers, face au danger, avaient subitement cessé leurs réjouissances pour tomber à genoux et chanter en chœur : «Mon Dieu, plus près de Toi...» On rapporte même que des femmes arrachaient leurs colliers de diamants, leur or, leur argent, les offrant dans la bousculade aux marins chargés des secours, en échange d'une place dans les embarcations de sauvetage qu'on avait mis à la mer. Ces bijoux qu'elles portaient avec distinction et fierté dans leur beau monde, et qui faisaient d'elles de grandes dames ne comptaient plus face à la mort. Quel dommage qu'il faille souvent en arriver là pour fixer enfin l'essentiel ; quand tout craque, dit-on, c'est l'essentiel qu'on fixe.

Je citai Jean Ziegler dans ma préface. Eh bien, ce même auteur de conclure ainsi son interview à *France-Dimanche* : «Ce qui me semble une évidence, pour moi, sociologue, empirico-rationaliste, c'est que l'homme porte en lui une dimension qui dépasse sa condition humaine.» Salomon pour sa part a dit dans l'Ecriture : «Dieu a mis dans l'homme la pensée de l'Eternité.» (Ecclésiaste 3:11) L'essentiel, chez l'homme, c'est sa dimension éternelle. La mort n'est pas un anéantissement, une désintégration. Au sens biblique du terme, elle renferme une idée de séparation. Ne dit-on pas aussi que «partir, c'est mourir un peu » ?

L'Evangile parle de deux sortes de morts : de la mort physique qui est une séparation d'avec ce monde matériel, en même temps qu'une dislocation de l'être dont l'âme ou la vie se sépare du corps ; il parle aussi de la mort spirituelle qui est la rupture de tout contact avec Dieu ici-bas et qui peut avoir des prolongements éternels dans l'au-delà. Nous craignons la mort physique souvent parce que nous sommes déjà morts sur un plan spirituel, coupés de Dieu, et vivant comme s'Il n'existait pas. Jésus dit dans la Bible : «Je sais que tu passes pour être vivant, mais tu es mort.» (Apocalypse 3:1) Dieu dit dans les pages du livre éternel : «Si tu pèches, tu mourras» et «la mort, dit l'apôtre, c'est le salaire du péché» (Romains 6:23).

Vivre consiste donc à rétablir des relations normales avec Dieu, sur un plan personnel en premier lieu. Il nous faut retrouver Dieu. Comment y arriver et où donc aller le chercher ? Au ciel ? Au fond d'un sanctuaire usé par les siècles ? C'est en Jésus-Christ qu'Il se rencontre, et être chrétien n'est pas adhérer à une religion, ni même à une Eglise, c'est adhérer au Christ lui-même, à Sa personne. A nous qui, angoissés, cherchons désespérément une issue, Il a dit : «Je suis le Chemin». A nous qui cherchons à bâtir sur du solide, Il a dit : «Je suis la Vérité». A nous enfin, qui avons encore envie de vivre —ça vous surprend ? —Il a dit : «Je suis la Vie» (Jean 14:6).

Le Christ est donc en Sa personne tout ce que nous pouvons souhaiter. Lisez Sa Parole. Vous verrez qu'Il est la REPONSE. En Lui nous est donnée une immense espérance que nous recevons comme un ballon d'oxygène dans ce siècle difficile et sans âme. L'espérance qu'Il accorde n'a rien du rêve ou de l'utopie. Elle se fonde sur Ses promesses. On sait déjà qu'une parole d'un homme sûr et honnête peut être source d'espérance. A plus forte raison les promesses du Christ qui ne ment jamais ! L'espérance qu'Il donne est une espérance qui sauve. Paul l'écrit en ces termes : «C'est en espérance que nous sommes sauvés.» (Romains 8:24) Avez-vous remarqué que l'apôtre a usé du «passé» en parlant d'espérance ? Or, qui parle d'espérer emploie généralement le futur. Il n'en est rien ici, car celui qui possède cette espérance se sait déjà sauvé ! Les promesses de Dieu sur lesquelles il s'appuie lui sont si vraies, si sûres, si solides qu'elles mettent son «futur» au «passé». N'est-ce pas extraordinaire ? «Cette espérance ne trompe pas, dit encore l'apôtre, car Dieu nous aime et Il nous a donné Son Esprit qui a rempli nos cœurs de Son amour.» (Romains 5:5) Et comment pourrait-elle tromper quand «Celui qui a fait la promesse est fidèle» (Hébreux 10:23) ?

C'est «une espérance vivante», renchérit l'apôtre Pierre, parce qu'elle a sa source dans la résurrection du Christ (1 Pierre 1:3). Elle est pleine de vitalité, car elle fixe un Sauveur vivant, présent et agissant. Elle est vivante encore, car elle est dans l'attente de la plénitude de la vie du Christ au jour de son retour (1 Pierre 1:4, 5). Elle est vivante enfin, parce qu'elle se nourrit de la Parole vivante et permanente de Dieu (1 Pierre 1:23). Parce que vivante, cette espérance nous garde un moral d'acier, nous donnant même d'espérer contre toute espérance (Romains 4:18). Nous la possédons comme une ancre de l'âme, sûre et solide, nous liant déjà à notre destinée éternelle (Hébreux 6:19). Elle est source de joie, de paix, quelles que soient les circonstances traversées (Romains 15:13). Elle donne à l'existence des couleurs et une saveur exceptionnelles. Elle rend enthousiaste pour la vie. Elle chasse l'angoisse et est indispensable à une existence de qualité. A nous d'en vouloir à présent, en nous ouvrant intérieurement au Christ.

Au terme de ce livre, allons-nous poursuivre, dans l'angoisse, une existence tournée vers le vide et le néant ? Le philosophe allemand Martin Heidegger a dit : «L'angoisse est la disposition fondamentale qui nous place face au néant.» Cet homme a été l'un des fondateurs de la philosophie existentialiste. Il nous a définis comme des êtres faits pour la mort. D'autres après lui et sur sa lancée ont voulu tout «néantiser», d'où la grande angoisse existentielle de l'heure. Face au néant, c'est l'angoisse et la mort ! Face au Christ, c'est l'espérance et la vie dans toute sa force, son harmonie et sa plénitude. «Christ en vous, dit l'apôtre, c'est l'espérance de la gloire.» (Colossiens 1:27) Du choix que nous faisons ici-bas dépend notre sort éternel. Mais Dieu, qui est un Père, discrètement nous souffle : «...CHOISIS LA VIE, AFIN QUE TU VIVES ! » (Deutéronome 30:19).

Imprimé en Belgique par l'Imprimerie Mercurius,
à Anvers, le 30 mai 1979
D.L. 2e trimestre 1979